مَهَمَّةُ إنقاذِ البذورِ

دار جامعة حمد بن خليفة للنشر
صندوق بريد 5825
الدوحة، دولة قطر

www.hbkupress.com

Görevimiz Çekirdekleri Kurtarmak!

الطبعة العربية الأولى عام 2023

الترقيم الدولي: 9789927161810

تمت الطباعة في الدوحة - قطر.

مكتبة قطر الوطنية بيانات الفهرسة – أثناء – النشر (فان)

هيبغنيك، ليدر، مؤلف.

[Görevimiz Çekirdekleri Kurtarmak!]. Arabic

مهمة إنقاذ البذور/ تأليف ليدر هيبغنيك ؛ رسوم رقية أولسان ؛ ترجمة أماني البنا. الطبعة العربية الأولى. – الدوحة : دار جامعة حمد بن خليفة للنشر، 2023.

32 صفحة : إيضاحيات ملونة ؛ 24 سم

تدمك: 978-992-716-181-0

ترجمة لكتاب: Görevimiz Çekirdekleri Kurtarmak!.

1. البذور-- قصص للأطفال. 2. قصص الأطفال التركية -- المترجمات إلى العربية. 3. الكتب المصورة. أ. أولسان، رقية، رسام. ب. إسماعيل، ريما، مترجم. ج. العنوان.

PZ90.T8 H47125 2023

894.35 – dc23

202328585422

مَهَمَّةُ إنقاذِ البذورِ

تأليف: ليدر هيبغينك   رسوم: رقية أولسان   ترجمة: أماني البنا

دار جامعة حمد بن خليفة للنشر
HAMAD BIN KHALIFA UNIVERSITY PRESS

نحنُ جاهزونَ.
نعم.
هيَّا بِنَا!

هل أنتُمْ جاهزونَ يا رِفاقُ؟
لقد اختارونا بعنايةٍ لمَهَمَّةِ الإنقاذِ .
وأصدقاؤنا يحتاجونَ إلينا.

مرحبًا عزيزي القارئَ، اليومَ ستتعرَّفُ معَنا على مَهَمَّةِ الإنقاذِ.

أصدقاؤنا، بُذورُ الفاكهةِ يحتاجونَ إلى مُساعدتِنَا.

هيَّا، سندُلُّكَ عليها كلِّها!

عُنُقٌ
لُبٌّ
قِشْرَةٌ
أنا بَذْرةُ عِنِبٍ.
عُنُقٌ
لُبٌّ
قِشْرَةٌ
أنا بَذْرةُ كَرَزٍ.

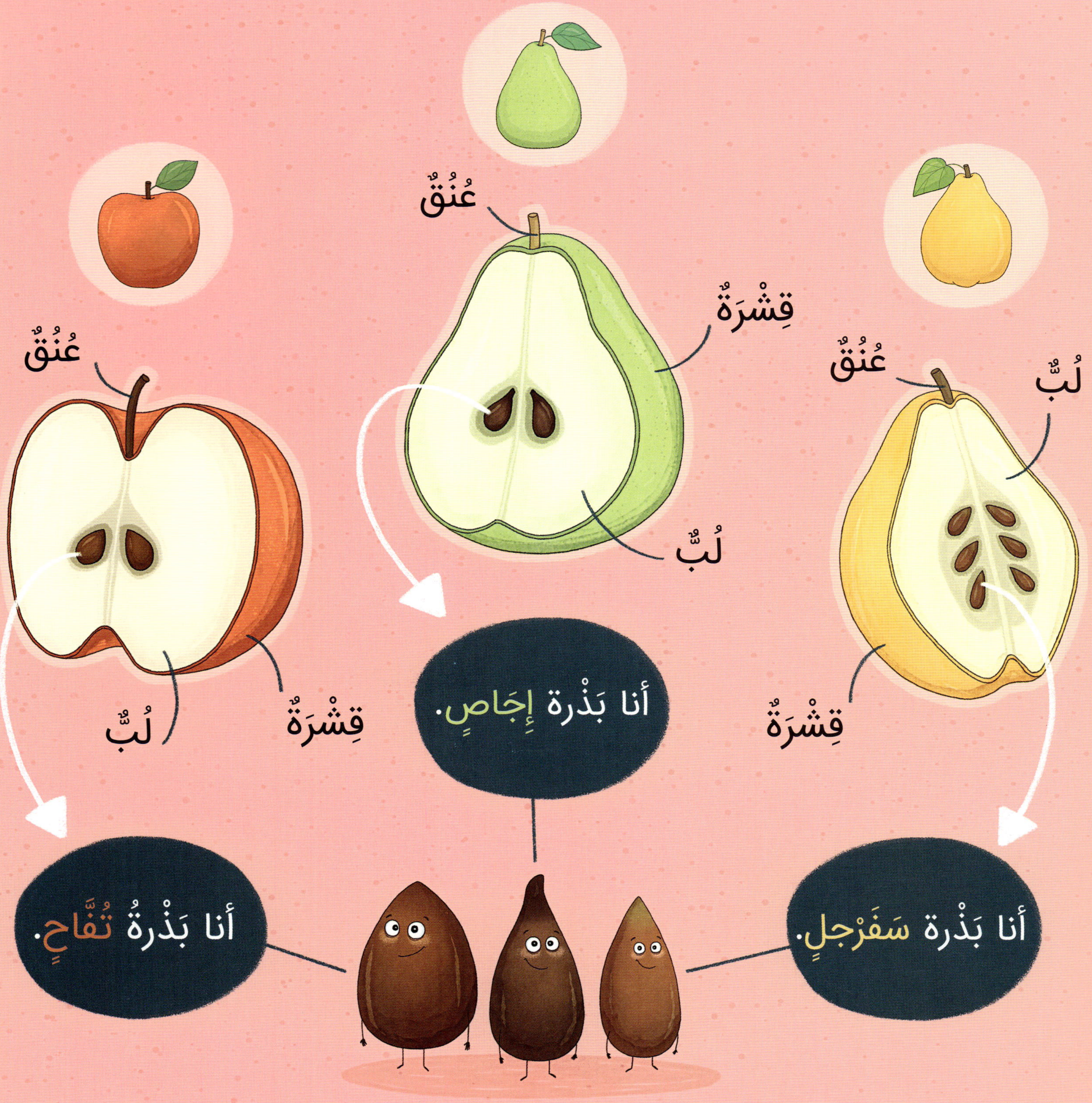
عُنُقٌ
قِشْرَةٌ
لُبٌّ
عُنُقٌ
لُبٌّ
قِشْرَةٌ
عُنُقٌ
لُبٌّ
قِشْرَةٌ
أنا بَذْرة إِجَاصٍ.
أنا بَذْرةُ تُفَّاحٍ.
أنا بَذْرة سَفَرْجلٍ.

عُنُقٌ
لُبٌّ
قِشْرَةٌ
عُنُقٌ
قِشْرَةٌ
لُبٌّ
أنا بَذْرة خَوْخٍ.
أنا بَذْرة دُرَّاقٍ.

لُبٌّ
قِشْرَةٌ
عُنُقٌ
أنا بَذْرة بُرتُقالٍ.
لُبٌّ
عُنُقٌ
قِشْرَةٌ
أنا بَذْرة مَنْدَرينٍ.

عُنُقٌ
لُبٌّ
قِشْرَةٌ
لُبٌّ
عُنُقٌ
قِشْرَةٌ
أنا بَذْرة شَمَّامٍ.
أنا بَذْرة بِطِّيخٍ.

نحنُ فواكِهُ يُحبُّها الناسُ،
ويستمْتِعونَ بأكلِها.

لذيذٌ!
أنا إجَاصَةٌ!

من يعِشْ وَسَطَ الطبيعةِ، يأكلِ
الثِّمارَ ويتركْ بقاياها في الحديقةِ
أو البستانِ. وهكذا، نعودُ نحنُ
-البذورَ- إلى التُّربةِ، فنَنْبِتُ، ونَنْمو،
ونُصبِحُ أشجارًا جديدةً.

أما في المدنِ، فتكثرُ المباني الشَّاهِقةُ، وتَقِلُ الحدائقُ، وتختفي البساتينُ؛ لكنَّ منْ حُسنِ حظِّنا، أنَّ الناسَ لم يتوقفوا عن شراءِ الفواكِهِ، والاستمتاعِ بأكلِها.

سُوقٌ
مفتوحٌ
شمّامٌ
دُرّاقٌ
بُرتُقالٌ
عنبٌ
بطيخٌ
تُفاحٌ
خوخٌ

نحنُ -البذورَ- نسْعَدُ كثيرًا، لأنّ بعضَ الناسِ يُفرِزونَ النِّفاياتِ.

ويَضعونَ الورقَ والزُّجاجَ والمَعْدِنَ في صناديقَ منفصلةٍ؛

وهذا يسمى **إعادةَ تدويرِ النِّفاياتِ**.

لكنَّ مشكلتَنا، أنَ عددًا قليلًا منَ الناسِ فقط، يُعيدونَنا إلى التُّربةِ.

هناكَ أشخاصٌ يضعونَنا في أكياسٍ بلاستيكيةٍ مع النِّفاياتِ الأخرى. وننتقلُ معَ تلكَ الأكياسِ إلى أماكنَ بعيدةٍ، فلا نَجِدُ طريقَنا إلى التُّربةِ!

هل تعلمُ إلى أينَ تذهبُ أكياسُ النِّفاياتِ؟

تذهبُ إلى مُنْشأَةِ النِّفاياتِ الصُّلْبةِ.

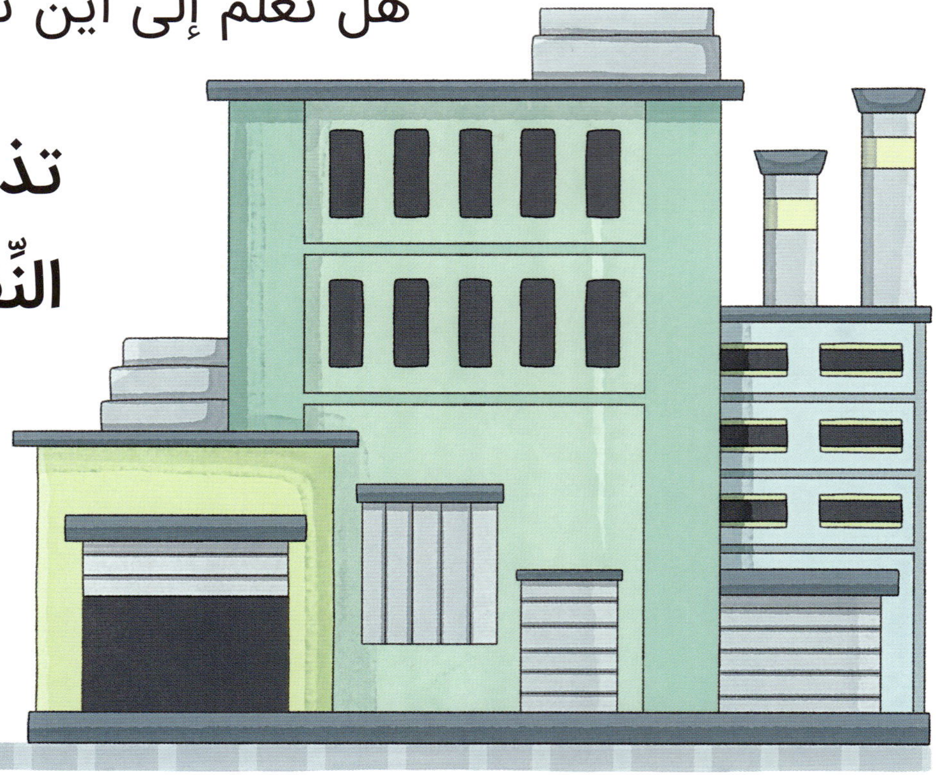

وبعدَ انتقاءِ النِّفاياتِ الصُّلْبةِ منَ الأكياسِ، تُطمَرُ القُمامةُ، غيرُ القابلةِ لإعادةِ التدويرِ، في جَوْفِ الأرضِ.

ومع أننا نُطْمرُ في التُّربةِ، لكنَّنا لا نستطيعُ أن نَنْبُتَ أو ننموَ وَسَطَ القُمامةِ.

كيفَ يمكنُنَا **إيقافُ** ما يحصلُ؟ **لُطفًا ساعِدُونا!**

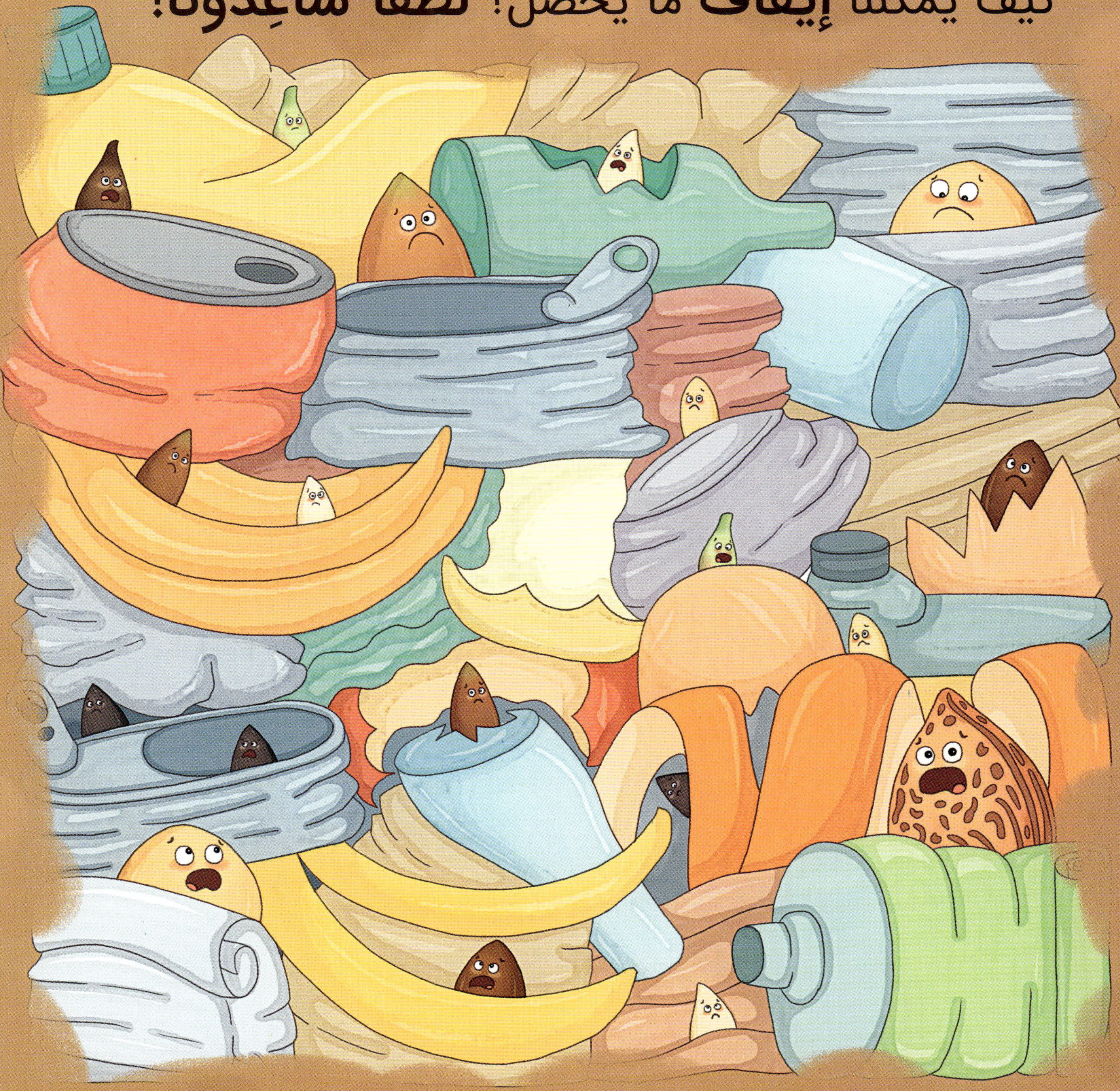

المَسؤوليةُ الكُبْرى تقعُ على عاتِقِكَ عزيزي القارئَ!

اِبدأْ بتجميعِ البُذورِ من الفواكِهِ، بعدَ أكلِها.

بعدَ ذلكَ، ضَعِ البُذورَ في وِعاءِ الزرْعِ، وبلِّلْها بالماءِ، ودعْها تنبُتْ.

يُمكنُكَ أنْ تزرعَ البُذورَ في أيِّ
مكانٍ خارجَ البيتِ أيضًا.

وإذا كنتَ محظوظًا، وكانَ منزلُكَ
قُربَ بُستانٍ أو غابةٍ، فيُمكنُكَ زرعُ
البُذورِ هُناكَ.

بعضُ البُذورِ تنْبُتُ قبلَ غيرِها.
تخرجُ بِبُطءٍ منَ التُّربةِ، وتنمو
حتى تُصبحَ أشجارًا مُثمرةً كبيرةً.

هل تعلمُ أنَّ الحيواناتِ تُساعِدُ البُذورَ؟ بعضُ الحيواناتِ تأكلُ الفواكهَ معَ بُذورِهَا، مثلَ التوتِ البرِّيِّ، والكرزِ، والتُّفَّاحِ.

وحينَ تُخرِجُ الحيواناتُ
فَضَلاتِها، تنغرِسُ بعضُ البُذورِ
في التُّربةِ، وتنمو لتُصبحَ أشجارًا.
ماذا يحصلُ بعدَ أنْ تنموَ
وتصيرَ أشجارًا؟

تحصُلُ كلُّ الكائناتِ الحيَّةِ
على فوائدَ كثيرةٍ منَ
الأشجارِ.
فالأشجارُ تُنقِّي الهواءَ،
وتُعطينا الأوكسجينَ،
وتحمينا منْ أشعَّةِ الشمسِ
القويةِ الضَّارَّةِ.

والأشجارُ تتيحُ لنا التأرجُحَ
والتسلُّقَ واللَّعِبَ في ظِلِّها.
وهِيَ مسكنٌ لكثيرٍ من
الحيواناتِ، وتُنتجُ لنا الثِّمارَ،
ومنظرُها يُشعرُنا بالسَّعادةِ.

هذه قصتُنا، عزيزي القارئَ!
كانَ الهدفُ من مَهَمَّة الإنقاذِ،
أنْ نُخبرَكَ عنْ مُشكلتِنا.

منَ الآنَ فَصَاعِدًا،
ستَصِلُ البُذورُ إلى
التُّربةِ إذا ساعدتَها.
وستلْتقي بِها مُجددًا،
حينَ تُصبحُ أشجارَ فواكهٍ.